Hugo Andresen

Ein altfranzösisches Marienlob

Aus einer Pariser Handschrift des dreizehnten Jahrhunderts

Hugo Andresen

Ein altfranzösisches Marienlob
Aus einer Pariser Handschrift des dreizehnten Jahrhunderts

ISBN/EAN: 9783743488205

Hergestellt in Europa, USA, Kanada, Australien, Japan

Cover: Foto ©ninafisch / pixelio.de

Manufactured and distributed by brebook publishing software
(www.brebook.com)

Hugo Andresen

Ein altfranzösisches Marienlob

EIN

ALTFRANZÖSISCHES MARIENLOB

AUS EINER PARISER HANDSCHRIFT

DES DREIZEHNTEN JAHRHUNDERTS

ZUM ERSTEN MAL HERAUSGEGEBEN

VON

HUGO ANDRESEN.

HALLE A. S.,

VERLAG VON MAX NIEMEYER.

1891.

Einleitung.

Im Altfranzösischen giebt es eine Strophe, die sowohl durch ihren kunstvollen Bau als durch ihr verhältnismäfsig häufiges Vorkommen unsere Aufmerksamkeit in Anspruch nimmt. Kaum eine andere vermag zu gleicher Zeit uns so deutlich zu zeigen, welche Fülle von Reimen dem altfranzösischen Dichter zu Gebote stand. Es ist dies die aus zwölf achtsilbigen Versen bestehende Strophe, in der trotz ihres Umfanges nur zwei Reime auftreten, welche letztere nach dem Schema *aabaabbbabba* verteilt sind, so dafs jeder der beiden Reime sechsmal erscheint und die Strophe gewissermafsen in zwei Hälften zerfällt: *aabaab* und *bbabba*. Auf die grofse Beliebtheit, deren sich diese Strophe erfreute, war bereits früher von verschiedenen Seiten hingewiesen worden, zuletzt von van Hamel in seiner Ausgabe des Renclus de Moiliens. Vor kurzem hat nun Naetebus in seinem für die Kenntnis der altfranzösischen Verskunst höchst wichtigen Buche[1] eingehend dargethan, dafs die genannte Strophe in 64 mehr oder minder umfangreichen Gedichten[2] zur Anwendung gekommen ist: der dem Buche angehängten Übersicht zufolge ist sie neben der Form, in welcher vier zwölfsilbige Verse nach dem Schema *aaaa* mit einander verbunden sind, sogar die am häufigsten begegnende.

---

1) Die nicht-lyrischen Strophenformen des Altfranzösischen. Leipzig 1891.
2) S. 106—132. Die Anzahl der Strophen der einzelnen Gedichte schwankt zwischen 1 und 312.

So beliebt nun diese Strophe war, so selten scheinen
sich dagegen nach demselben Schema gebaute Strophen
zu finden, in welchen ein anderer Vers als der achtsilbige
angewandt worden wäre. Naetebus, der nach allen Seiten
Umschau gehalten hat,[1] vermag nur einige wenige nam-
haft zu machen. Zu den letzteren gehört die Strophe,
in welcher das weiter unten mitgeteilte Marienlob gedichtet
ist.[2] Der zur Verwendung gekommene Vers ist hier
der fünfsilbige. Indessen überzeugt man sich bald, dafs
bei weitem nicht alle Strophen nach demselben Schema
gebaut sind, vielmehr nur folgende: I—XVIII, XXXIV,
XXXVII—XLVI; alle übrigen, d. h. also XIX—XXXIII,

---

1) Nachzutragen wäre, dafs Ritter die beiden S. 129 und
131 genannten Gedichte 56 und 62, die er im Bull. de la Soc.
des ancions textes fr. (1877) besprochen, später ganz heraus-
gegeben hat in seinen Poésies des XIVᵉ et XVᵉ siècles, Genève
1880 p. 26 bzw. 30; ferner aber, dafs in dieser letzteren Publi-
kation p. 49 ein bemerkenswertes Gedicht sich findet, dessen
Strophe gleichfalls das Schema *aabaabbbabba* aufweist. Der Vers
ist hier jedoch nicht durchgehends achtsilbig, vielmehr blofs
Zeile 1, 3, 4, 6, 7, 9, 10 und 12; Zeile 2, 5, 8 und 11 sind vier-
silbig. Durch die Einstreuung des kürzeren Verses wird die
Strophe ungemein anmutig und wohllautend:

> Tormentes suis par le reproche
> De Maleboche
> Qui m'a poin de son aguillion,
> Et fait semblant qu'elle n'y toche,
> Mais elle encoche
> Ire, raucour, discencion.
> C'est la mere Division
> Qui sans rayson
> Amour, acort et paix desroche,
> En tout temps, en totte sayson
> Pour le faux son
> De sa tres doulourouse cloche.   (Strophe 6.)

2) Die Übereinstimmung hinsichtlich der Reimstellung hatte
vor Naetebus schon Raynaud bemerkt in seiner neuen Ausgabe
der Congé des Jean Bodel (Romania IX, 232).

XXXV, XXXVI zeigen das Schema *aabaabccbccb*. Letzteres ist, wie Suchier in der Einleitung zur Reimpredigt (XLIV) bei Besprechung gleichfalls eines Mariengedichtes nachgewiesen hat, nichts Anderes als das Schema *aabaab* (ursprünglich *aabccb*) doppelt genommen, derart, dafs der Reim *b* in beiden Strophen derselbe ist. Aus dieser zwölfzeiligen Strophe mit der Reimstellung *aabaabccbccb* entwickelte sich nun weiter, wie dies Suchier gleichfalls schon hervorgehoben hat, die zuerst genannte Strophe mit der Reimstellung *aabaabbbabba*.

Der weiter unten folgende Text findet sich in der bekannten grofsen aus dem 13. Jahrh. stammenden Hs. 375 der Nationalbibliothek zu Paris fol. 342ᵛ. Er ist, so viel ich sehe, bis jetzt fast ganz unbekannt geblieben. Nur die ersten fünf Zeilen hatte vor langen Jahren (1840) P. Paris mitgeteilt (Mss. franc. III, 236) und um dieselbe Zeit die erste und letzte Strophe Fr. Michel (Chron. anglonorm. III p. XXXV). Der Schreiber der Hs., Perrot de Nesle, hat, wie einen Teil der übrigen darin enthaltenen Stücke (vgl. Cliges p. XXVIII), so auch das Mariengedicht mit einer gereimten Analyse versehen, die folgendermafsen lautet:

> Par Dieu qui tos les biens aune,
> Que ceste branque vinteune
> Parole de la millor cose
> C'on puist metre en teute[1] ne glose;
> Des loenges la mere Dieu
> Que Picart, Romain et Caldieu
> Et tos li mondes loer doivent;
> Trop vilainement se decoivent
> Cil qui ne loent sans sejour
> La dame par nuit et par jour,
> Car de la mere Dieu loer
> Ne se puet nus hom desloer.
> Je voeil moult bien que cascuns l'oe
> Que nus la mere Diu ne loe

---

1) = teuste (texte).

K'ele a sen doue fil ne s'en lot;
Cil n'entent le bien qui ne l'ot.
Doce verge, mere Diu sage,
Ne puet metre a millor usage
Nus hom sen tans k'aloc vous.
Tristres et pales est me vous[1]
De con que j'ai tant de maus fais:
Dame, or me faites mes mesfais
A vo doc enfant pardoner,
Qui por nos vaut se car doner,
Que ·quant en ceste orde valee,
Qui tant est sure et mesalee,
Quant mors nous fera les iex clore,
Nous voelle o lui es cieus enclore.

Eine nähere Prüfung der Reime des Marienlobs ergiebt zunächst, dafs fast durchgehends der männliche zur
Anwendung gekommen ist. Eine Ausnahme bildet einzig
die Strophe IX, wo der Reim *a* weiblich ist. Der Reim
erstreckt sich oft auf zwei Silben, ist also leoninisch; so
in den Strophen mit nur zwei Reimen ist *a* leoninisch
Strophe I, II, VIII, XXXIV; *b* Strophe IV, V, VII,[2]
IX, XIV, XV, XVII, XVIII; in den Strophen mit drei
Reimen *a* leoninisch Strophe XX, XXII, XXIII, XXV:
b Strophe XX, XXII, XXIII, XXIV, XXVI, XXXII,
XXXIII, XXXV: *c* Strophe XXV, XXVI (nicht ganz
durchgeführt), XXXII. Wo nur zwei Reime vorliegen,
kommt also der Fall, dafs beide leoninisch sind, nicht
vor, während in den Strophen mit drei Reimen hin und
wieder zwei leoninische auftreten. Ungenau ist der Reim
nur Strophe XXI: *besoing : loing : raison : saison*.

Eine Stelle, wo unbetontes *e* am Schlusse eines
mehrsilbigen Wortes im Hiatus steht, läfst sich in dem

---

1) = mes vous (lat. meus vultus).

2) Zeile 10 der Strophe reimt nicht ganz genau, da hier
-nions mit *-ions* gebunden ist.

Gedichte nicht nachweisen.[1] Hinsichtlich der Elision des
Vokals in den einsilbigen Wörtern *le, la* u. s. w. bietet das
Stück nichts von anderen altfranzösischen Denkmälern
Abweichendes. *Apren me a plourer* Zeile 43 würde, da
das Pronomen hinter dem Verbum steht, nicht unrichtig
sein, indessen ist der Silbenzahl des Verses wegen *Apren
m'a plourer* zu lesen, wie 545 steht *Donc m'ent.*
In diesem Fall, d. h. wenn das Pronomen dem Verbum folgt, wird die Elision auch sonst oft nicht aus-
geführt; vgl. die Stellen bei Tobler, Versbau[2] 54, ferner
Auberi *Cest conseil tieng je͡a bon* 19, 23, *faites le͡apa-
reillier* 131, 17, *Voit le͡Auberis* 11, 33, 20, 2, 69, 15,
104, 9, 115, 7.

Was die Wörter anlangt, bei denen die Elision all-
gemein fakultativ ist, so läfst sich beobachten, dafs beim
Artikel *li* Elision im Stück nicht vorkommt, was im Einklang mit der sonstigen Korrektheit des Denkmals steht;
während bei den übrigen hierher gehörigen Wörtern nur
Elision begegnet, mit Ausnahme von *ne* (lat. *nec*) 84.
Letzteres mag Zufall sein, was aber bezüglich der konsequent durchgeführten Elision bei *je* nicht angenommen
werden kann, da die Zahl der Stellen zu grofs ist: 29,
225, 273, 505. — Abgesehen von den Formen des Artikels
le und *les,* die mit den Präpositionen *de, a* und *en* zu
del (dou, du), al (au), el (u für *ou), des, as, es* zusammen-
wachsen,[2] kommt im ganzen Gedicht kein Fall von
Enklisis vor.

Die Silbenzählung ergiebt, dafs *nient* zwar Zeile 23
und 450 im Reim mit *tient, vient* u. s. w. steht, wenn
der Vers zu Stande kommen soll, aber zweisilbig zu lesen
ist: *ni|ent.* — *fuir* ist 454 seltsamerweise mit diphthon-

1) Darum ist denn auch zu vermuten, dafs das Flexions-*s*
in *tristes* 115 sowie das *s* in *dusques* 513 nicht erst vom
Schreiber herrührt.

2) Der weibliche Artikel *le* ist in dem Gedichte nicht
enklitisch gebraucht, während er in andern Werken, die diese
Form bieten, wie der männliche behandelt wird, wie Tobler zeigt
a. a. O. S. 32 Anmerk.

gischem *ui*, also wie neufrz., gebraucht (*fuir*); sonst altfranz. *fu ir*. Der einsilbige Gebrauch der Endung *ies*
des Cond. in *feries* 441 befremdet weniger: dies begegnet
auch sonst oft in altfranzösischen Werken.

Aus den Reimen ergiebt sich für die Sprache des
Dichters Folgendes als das Bemerkenswerteste:

1. *an* und *en* werden im Reime gemeiniglich ge-
schieden; s. Strophe XL; VIII, XI, XXII, XXXIX, XLII;
XXX, XXXVI; XX, XXIII. In den beiden letzteren
Strophen ist der Reim leoninisch. Vermischung nur XLIV,
wo *tans* (lat. *tempus*) im Reime steht mit *seans*, *rendans* etc.

2. Es reimen mit einander die Ausgänge
ĕls in *miex*, *ciex*, *iex*.
ĕus in *Diex*.
īls in *fiex*, *enfantiex*.
īus in *piex*.
ĭrs in *maladiex*, *pensiex*, *doutiex*, *faidiex*, *volentiex*.

Zu diesen kommen die Wörter *liex* (*lŏcus*) und *kiex*
(von *kinsan*). Vgl. die Reime Strophe X, XVI, XXXVI,
XXXVII, XLII.

3. Urspr. *ō* reimt mit *ū*, *freur*, *peur* mit *seur*, *eur*,
meur, *asseur* Str. II. Die Schreibung *freur*, *peur*[1] zeigt
uns, dafs die Mischung zwischen *ōrem* und *ūrum* sich
bereits vollzogen hat. Um den leoninischen Reim zu ge-
winnen, hat der Dichter ferner *uer* statt *oer* gebraucht in
juer Str. XIV, XVIII, *encruer* XXV.

4. Lat. *ōrem* ist sonst als *our* gesichert: *flours*,
odours reimen mit *tours*, *retours*, *secours*, *sejours* Str. X,
ferner *creatour* mit *retour*, *jour*, *sejour* XXVII, *plours* mit
jours, *sejours*, *aillours* XXXI etc. Statt *our* ist XL
durchgehends *eur* geschrieben.

5. Sowohl *peu* als *poi* tritt im Reim auf: jenes
XXVIII, dieses XV, XLVI.

---

1) Das häufige Vorkommen dieser Form (statt *peeur*) ist
aus andern Texten genugsam bekannt. Vgl. Romania X, 46.

6. Die Wörter mit urspr. lat. ŏ reimen nur mit sich selber; s. Str. XIII, XXV, XXXII.

7. *ai* im Auslaut ist rein; s. Str. III, XX, desgl. vor Cons. mit Ausnahme der nasalen; s. XIII, XXIX, XXXIII, XXXVIII. *ei* vor *n* reimt mit *ai* vor *n*. Str. IV ist *pleins* (geschr. *plains*) mit *pains, sains, mains, rains, lontains* gebunden; XIX *frein* (geschr. *fraim*) mit *estrain, demain, main.*

8. Str. I ist die Form *pite* durch leoninischen Reim gesichert.

9. Aus demselben Grunde ist Str. V Verdichtung von *eil, oil* in unbetonter Silbe zu *il* gesichert: *consillies* : *rillies* : *esrillies* : *aparillies*, denn diese Wörter reimen mit *cillies, subtillies.* So ist auch -*illier* zu lesen Str. XXV.

10. *m* und *n* stehen im Auslaut gleich: *estrain* : *demain* : *main* : *fraim* Str. XIX.

11. Im Auslaut wird zwischen *ts, ds* einerseits und *s* andererseits kein Unterschied gemacht; s. Str. XIII, XXIV, XXIX, XXX etc.

12. Der leoninische Reim *requier* : *trekier* : *contekier* : *lequier* : *pekier* : *farrekier* Str. IX zeigt, dafs *c* vor *e, ie, i*, die aus *a* entstanden sind, den gutturalen Laut behält; daher zu ändern ist Str. XXVI *pechie* in *pekie*, obwohl der leoninische Reim nicht ganz durchgeführt ist.

13. Die Reime *pais* : *fais* : *lais* : *eslais* Str. XXXVIII, *fis* : *empris* XXIV zeigen, dafs auslautendes *ce* (*ei*) durch *s* dargestellt ist.

14. Die Regel vom Flexions-*s* wird vom Dichter mit Genauigkeit beobachtet (s. weiter unten).

Der Reim sichert ferner

15. Die Pronominalformen *moi* 173, *toi* 60, 177.

16. Die 1. Sg. Prs. Ind. 1. Conj. ohne *e* (s. weiter unten S. 10).

17. Die 3. Sg. Prs. Conj. von Verben derselben Conjugation gleichfalls ohne *e* (s. ebd.).

18. Die längeren Futurformen *perdera, ardera* etc.
(s. ebd.).

Die Silbenzahl des Verses läfst aufserdem erkennen,

19. dafs die Formen *nostre, vostre* dem Denkmal
unbekannt sind; dagegen kommen die aus diesen ver-
kürzten Formen *nos, ros* an vielen Stellen vor, wo durch
Einsetzung der ersteren Formen der Vers eine Silbe zu viel,
bekäme, mit alleiniger Ausnahme von 261, wo *vostre* eintreten könnte, wenn dessen unbetontes *e* elidiert würde.
Aber sonst *nos tans* 404, *vos fiex* 111, *no sauvement* 89,
ro secours 11, Plur. *no jour* 322 u. s. w.

Aus Vorstehendem ergiebt sich, dafs das Gedicht
mehrere Merkmale bietet, die ihm pikardische Herkunft
zuweisen, nämlich die unter 1, 2. 11, 12, 13, 19 aufgeführten
Punkte. Mit diesem aus den Reimen gewonnenen Ergeb-
nis steht nun im Einklang, was im Innern des Verses,
also wo der Schreiber freie Hand hatte, hinsichtlich der
Sprache vor Augen liegt, d. h. der Kopist war aus derselben Gegend wie der Dichter oder doch aus benach-
barter. Als pikardische Merkmale sind hier vornehmlich
noch anzuführen

a) (vgl. oben 12). *c* vor *e, ie, i*, die aus *a* entstanden sind, wird als gutturaler Laut vom Schreiber in den
meisten Fällen durch *k* ausgedrückt: *pekie* Zeile 22, 54,
67, 146, 204, *farekier* 107, *kies* 341, *dekeu* 218, *kemin*
326, *keral* 452 etc., ebenso deutsches *k* in *rikes* 448,
rikement 264, *kicx* 421. *qu* begegnet in *lequier* 104, *fourques* 140; *c* nur in *ciers* 439, *mareeant* 472. Im Aucassin
ist gerade das Umgekehrte der Fall: hier wird derselbe Laut
fast ausschliefslich durch *c* wiedergegeben, nur vereinzelt
durch *qu* und *k*; s. Suchier 57, 2. Fehlerhaft ist neben
pechie (s. vorher) *kerkies* 275; l. *cerkies*.

b) *c* vor urspr. *a* behält seinen lat. Lautwert: *castel* 13,
cambre 62, *caut* 68, 124, 125, 550, *pourcac* 137, dazu
mit *k karite* 1.

c) *c* vor *e* oder *i* sowie *t* vor *i* oder *e* + Vokal wird
im Auslaut durch *c* ausgedrückt, nicht durch *z* oder *s*:

fac : *mesfac* : *brae* : *poureae* : *lac* : *hac* Str. XII, *fac* Zeile 151, 159. In der Darstellung dieses Lautes ist der Schreiber auch sonst konsequent: *cillies* 54, *ci* 84, *enforcies* 168, *cou*, *cc* 158, 184, *face* 246, 508 u. s. w. *ch* nur hin und wieder: *meschiner* 303, *desrachiner* 309, *chi* 370, *cachier* 188.

d) Deutsches *w* bleibt erhalten: *wait* 209, 369, *warde* 325, Ebenso

e) das gutturale *g* in *got* 413, sowie auslautend in *largue* 1.

f) 7 steht die Form *ferles*. Dieselbe ist pikardisch und = *foirles* (*flebilis*). Vgl. das ganz gleich gebildete *enderle* neben *endoirle* (von *debilis*).

g) Der Acc. Sg. des Artikels Fem. heifst *le* 70, 116, 172, ferner das Pronomen poss. desselben Geschlechtes *me* 49, *te* 325, *se* 87. Zugleich lautet der Acc. Sg. Masc. desselben Pron. nicht nur *mon* 259, *ton* 241, *son* 298, sondern auch *men* 118, *ten* 371, *sen* 454. Das Denkmal verhält sich in diesem Punkte wie der Aucassin; vgl. Suchier 63, 18.

Deklination. In Betreff der Deklinationsregel verfährt der Dichter, wie schon bemerkt wurde, mit Genauigkeit. Eine grofse Anzahl beweiskräftiger Formen, d. h. Nominative Sg. und Plur. Masc. ist durch den Reim gesichert, so Sg. *pains* 38, *jours* 76, *cours* 77, Plur. *demain* 224, *refui* 317, *jour* 322. Ein Acc. als Nom. gebraucht nur 261. Wie der Dichter es mit Wörtern wie *livre*, *pere*, *sire* in Betreff des *s* hält, läfst sich nicht erweisen. Bei den Femin. 3. lat. Dckl. sichert der Reim das *s* in *mors* 484, ferner den Nom. *suer* 376. Als Vokativ findet sich gesichert der Nom. Masc. *plains* 37 und Fem. *suer* 263, *tours* 112. Ein Eigenname kommt im Reim nicht vor. Der Schreiber verfährt mit gleicher Genauigkeit. Wo ein Wort auf -*re* als Nom. Sg. vorkommt, setzt er das *s* 142, 506. Der Acc. Sg. von *fiex* heifst *fil* 502. Der einzige Eigenname, der als Nom. auftritt, hat das Flexions-*s*: *Adans* 86.

Conjugation. Die 1. Sg. Prs. Ind. von Verben 1. Conj. kommt verhältnismäfsig oft im Reime vor: *assai* 28, *apui* 140, *afol* 158, *aport* 433, *foloi* 533, *otroi* 552. Eine Form mit angefügtem *e* ist nirgends gesichert, weil eine solche auch in der einzigen Strophe (IX), die einen weiblichen Reim bietet, nicht als Reimwort angewandt ist. Im Innern des Verses tritt neben *aim* 126, 505, *pri* 514 *reube* auf 135. Auch die 3. Sg. Prs. Conj., ebenfalls ohne *e*, steht an mehreren Stellen im Reim: *port* 32, 350, 353, 515, *apuit* 64, *aquit* 72, *consaut* 132, *lot* 410. Im Fut. bilden die längeren Formen die Regel: *perdera* 398, *ardera* 400, *avera* 408, *arderont* 490, allein neben *avera* kommt auch *arai, ara* vor 192, 546, wie in andern Denkmälern *sarai* neben *saverai* (Chev. as II. espees LVIII).

Et ci apres est li loenge Nostre Dame.

I.

Largue en karite,
Rius d'umilite,
Clartes en decours,
Trop m'ai delite
5 En m'aversite
Dont me sui resours.
Fevles de lons jours,
Plains de foles mours
Me truis alite:
10 En dolereus plours
Requier vo secours,
Mere de pite.

II.

En castel seur
A mauvais freur,
15 Li preus s'i retient.
Nus n'a par eur
D'arbre fruit meur,
S'ancois fleurs n'i vient.
Cui de Diu souvient
20 Droite voie tient;
La n'a nus peur.
Qui pekie ne crient
Petit ou nient
Doit estre asseur.

---

7 jors. 8 mors. 10 dolereurs plors. 24 steht in der Hs. zweimal.

III.

25   Rose en jor de mai,
  Trai me fors dou tai
  U mes cuers s'endort.
  Se t'odeur n'assai,
  Des plaies que j'ai
30   Sui traities a mort.
  Roine du port,
  U salus me port,
  Biautes outre esmai,
  Hastes le confort
35   Ciaus qui font recort
  De nos de cuer vrai.

IV.

  Vaissiaus d'odeur plains,
  De vos vient li pains
  C'on doit savourer.
40   Cieus n'est mie sains
  Ki n'a pies ne mains
  Dont puist labourer.
  Apren m'a plourer
  Por resvigourer;
45   Trop est mes cuers vains.
  Par toi aourer
  M'estuet desbourer;
  Trop te sui lontains.

V.

  Sor me pel acroi,   [f. 343ʳ.]
50   Que mains ai plus doi;
  Mal sui consillies.

---

26 tai] cai.   43 Apren me a plourer.

Virge et mere a roi.
Les iex dont mesroi
M'a pekies cillies.
55 Dame, subtillies,
Ki por nos villies,
Ke soie en tel ploi
K'a iex esvillies
Soie aparillies
60 D'ourer devant toi.

VI.

Cors plains de deduit,
Cambre du haut fruit,
Ki tout puet et vaut,
Nus n'est qui s'apuit
65 A si grant refuit
K'i n'ait fait boin saut.
Cui pekies assaut
Keur' i de pie caut
Par jor et par nuit,
70 Car le mort ne caut
Cui prenge en sorsaut,
Mais qu'ele s'aquit.

VII.

Alons dont le cours
A l'arbre d'amours,
75 Merci li prions.
Encor soit il jours,
S'est li tans trop cours
En cui nos fions.
Se tant detrions
80 K'a li ne crions:

5S esveillies.

Dame, vo secours!
Ne sai u fuions
Fors entre lyons,
Ne ci ne aillours.

VIII.

85   Par le hardement
K'Adans folement
Par se feme emprist,
Trop estraignement
Por no sauvement
90   Diex en vos se mist.
Quant por nos tant fist
K'a mere vos prist,
Faites jugement,
Se par vos aquist
95   Cui pekies sougist
Son alegement.

IX.

Biautes afinee,
Bontes alosee,
Vo secours requier;
100   Par fais, par pensee
Me sui delitee
En autrui trekier.
Ne doit contekier
Espine a lequier;
105   N'i a fors fielee.
Par sovent pekier
Voit on favrekier
Mort desordenee.

X.

Vergier plain de flours   [col. 2.]
110   De toutes odours

Fist de vos vos fiex.
Batillie tours,
Por estre retours
A tous maladiex!
115 Tristes et pensiex,
De le mort doutiex
Vieng por vo secours
Por querre men miex.
Entre mes faidiex
120 N'est preus mis sejours.

XI.

Por joie ki faut,
Ki vient en sorsaut
Pardurablement
Faim et soif et caut
125 Avoir ne me caut.
Miex aim sobrement
Vivre et netement,
Par enseignement
Ki au besoing vaut.
130 Fols est qui entent
Por peser le vent
Ke Diex le consaut.

XII.

Tant sovent mesfac;
Ne voi que je fac
135 Quant je reube autrui.
Je n'ai pie ne brac
Ne voist en pourcac
Por servir celui

---

111 fius.   115 pensius.   116 doutius.

Ki n'aime nului.
140 As fourques m'apui,
S'ai u col le lac.
Prestres d'ui en hui
M'a fait que je sui
Teus que je me hac.

XIII.

145 Trop est pesans fais
Pekies ors et lais;
Adosser le voel.
N'est mie a se pais
Li hom cui li tais
150 Gist par dedens l'oel.
Pis fac que ne soel;
En un autre foel
Querrai mes souhais.
Par desous men soel
155 Voel metre l'orgoel
Dont je sui sifais.

XIV.

Trop me tieng por fol
Quant por cou m'afol
Dont me fac huer.
160 U tai dusqu'au col,
Ort, puant et mol
Me sui fais ruer.
Dame a saluer,
Por moi desnuer
165 Des desers a vol.
N'ai loi de juer,
Se par bien muer
N'enforcies men vol.

---

160 dusqu'a col.

XV.

Fontaine de foi,
170 Oriflambe a roi
Por nos raloier,
Estain me le soi
Ki art dedens moi
Por Diu guerroier.
175 Bien t'en doi proier:
Por nos ravoier
S'esconsa en toi.
Tu n'en dois broier
Quant si grant loier
180 Presis por si poi.

XVI.

Grant simplece fist
Quant en vos se mist
Li tous poissans Diex.
Par ce nos aprist
185 C'umilites gist
Es honestes liex.
Tant fu enfantiex
De cachier no miex
Ke se mort porquist.
190 Quant nus n'est si piex,
Soit cascuns ses fiex
S'ara cou qu'il quist.

XVII.

Dame, vo confort
A vie et a mort
195 Desirer devons.

186 lius.   190 pius.

2

En peril s'endort
Cui il n'en remort.
Trop nos decevons
Quant tel fais levons
200 Dont nos alevons
Por le droit le tort.
Par cou nos grevons
Ke ne percevons
Comment pekies mort.

XVIII.

205 Cruel plaie fait,
Fols est qui s'i trait;
Nus n'i doit juer.
Par bel et par lait
Quier' engien et wait
210 De lui lonc ruer.
Ne doit deluer
Plaie a remuer
Por cou que pis n'ait;
Bien fait a huer
215 Ki ne veut muer
Ses deus en souhait.

XIX.

Fraile, povre et nu,
D'oneur dekeu,
Sifait k'estre doi,
220 Par cou c'ai creu
Consel deffendu
Nuit et jor me voi.
Mis sui sor l'estrain;
Court sont mi demain,
225 J'ai brasse si boi.

En le destre main
Voel tenir men fraim;
Li autre n'a loi.

XX.

Je cuidai avoir   [col. 4.]
230 Par songier avoir,
Le mien despendi.
Or puis bien savoir,
Grief m'ert a ravoir
Cou que je vendi.
235 Trop tart me levai
Quant l'oisel pris n'ai
A coi je tendi.
Quant ne le trovai
Si me desperai
240 Que m'en voi mendi.

XXI.

Se ton ble semer
Veus en haute mer,
Ce n'est mie esplois.
Miex te dois amer
245 Ke musart clamer
Te face estrelois.
Recule au besoing
Por salir plus loing!
Faire saus tous drois
250 Doit cascuns raison.
Seme de saison
Et la u tu dois!

XXII.

Dame, a droit clamer
Vos doit on amer
255 Efforciement.

2*

Tenre a entamer
Por moi diffamer
Sans apensement
Ai trove mon cuer.
260   Por moi jeter puer
Vo alegement,
Virge de haut fuer,
A tous mere et suer,
Se m'ert rikement.

XXIII.

265   A Dieu guerroier,
Por moi desvoier
Ai molt entendu
En crueus loier,
Si ne sai proier;
270   Ne sera rendu.
Dame, a cest besoing
Cuer et cors vos doing.
J'ai molt atendu,
Car jou vieng de loing,
275   Cerkies de grant soing,
S'ai tout despendu.

XXIV.

Cui pekies corront
De l'avoir du mont
Par trop amasser,
280   Sans nef et sans pont
Cuide un lai parfont
A sekes passer.
Grant merveille fis
Quant le soing empris
285   D'un boire brasser

275 Kerkies.

Dont nus hom n'est fis,
S'il en est souspris,
K'il puist respasser.

XXV.

Bien fait a huer [f. 343ᵛ.]
290 Cors qui desnuer
Des maus ne se puet;
Au mal encruer,
Au bien deluer
Nuit et jor s'esmuet.
295 Bien set orillier
Quant s'ot consillier,
Mais ne se remuet:
Son cuer avillier
Cuide et subtillier
300 Ke morir l'estuet.

XXVI.

Ki goute ne voit
Petit fait d'esploit
En lui mechiner: ·
A tart s'apercoit
305 Ki si grans trais boit
K'il l'estuet cliner.
Nuit et jor le pie
De mortel pekie
Dois desrachiner.
310 Ki plus a trekie, ·
Beu et lekie
Plus pert au finer.

295 oreillier.   296 conseillier.   298 aveillier.   308 pechie.

XXVII.

Miex amer que lui
Ne doit nus autrui.
315 Fait ai hideus saut
Quant si malvais sui
Ke tout mi refui
Sont a cou qui faut.
Faire voel retour
320 Vers mon creatour;
Cius siecles peu vaut;
Trop sont brief no jour,
Sans seur sejour
Et plain de hambaut.

XXVIII.

325 Pren warde a te fin
S'iras droit kemin.
Por haster lor preu
Se lievent matin
Li boin pelerin.
330 Nus preudom n'a peu
Quant cascun convient
De quanqu'il convient
. Conter a esseu.
Fols est qui ne crient
335 Le mort qui tost vient,
Car pekie sont leu.

XXIX.

Se tes tans est bries
Et tes fais est gries
Por porter molt loing,
340 Ne dois estre lies,
S'atout sovent kies.

Aies de toi soing,
Garde que tu fais:
Boe est pesans fais;
345 A toi ne la joing.
Ne doit estre a pais
Ki tresors malvais
N'adosse au besoing.

XXX.

Ki cuide a le mort   [col. 2.]
350 Larrecin en port,
Bien est hors du sens,
Quant n'i a si fort
K'il convient c'on port
A plente de gens.
355 Penser dois ancois
Ke de cou que dois
Soit fais paiemens,
Ke tes estrelois
Te mece en tes plois
360 Dont infer atens.

XXXI.

Viex cors, trop t'ies mis
Es mortex delis,
Car li tans s'en vait,
Ki peu est despis
365 De ciaus qui tous dis
Ont este sifait.
En dolereus plours
Seras a tous jours,
Se n'uevres de wait.
370 Chi ne vaut sejours;
Quier ten preu aillours
U t'ame miex ait.

---

350 Ke larrecin en port.   367 dolereurs.

XXXII.

Veus tu jeter puer
T'ame passant fuer
375 C'on puist esprisier?
Ki t'est plus que suer,
Por ton glouton cuer
C'on doit mesprisier?
Cors doit labourer,
380 Ame savourer;
Cuers fait a prisier
Ki par bien ourer
Et sovent plourer
Set orgoel brisier.

XXXIII.

385 Pense que tu fais
En dis et en fais,
S'a bien veus venir;
Le mains a de pais
Ki plus est entais
390 Au siecle tenir.
Garde a cui tu sers
Et por coi tu pers
Et qu'est a venir.
Se trop n'es divers,
395 D'avoir deus infers
Te doit souvenir.

XXXIV.

Vrais diex, que fera
Ki te perdera?
Grans iert li meskies,
400 Dont on ardera
Et dovouerra
Ses mains et ses pies.

Trop est cix fais gries,
S'est nos tans trop bries.
405 Cascuns trouvera
Selonc ses pekies:
Ki plus les fist lies
Et plus avera.

XXXV.

De cousteus escot [col. 3.]
410 N'est nus qui s'en lot
Quant vient au paier.
Ki de lui fait sot
De folie got
K'il deust laier.
415 Toute jor avient:
Cui il ne sovient
De lui espaier,
Faire li convient
Tel tour dont il vient
420 Tart a l'esmaier.

XXXVI.

Quant tu ies a kiex
D'eslire ten miex
Et le pieur prens,
Se tu veus que Diex
425 Soit envers toi piex,
Tu es hors du sens.
Pense dont tu viens
Et qu'est maus et biens,
Et que tu atens,
430 S'au pieur te tiens;
Dieu n'aimmes ne criens,
Cors et ame vens.

421 kius.

XXXVII.

Dame, a vos aport
Un cors pres que mort.
435   Roine des ciex,
Se mes cuers s'endort
Es delis trop fort,
Oevre lui ses iex.
Quant vos dous ciers fiex
440   Envers nos fu piex,
Raison feries tort,
Se fais n'est vos liex
Es cuers volentiex
De querre confort.

XXXVIII.

445   Trop est pesans fais
Rendre tous tors fais,
Car sovent avient
As rikes malvais
Ki font dons et lais
450   U il n'ont nient.
Rendre avant convient;
Keval ne retient
C'on keurt a eslais,
Ki sen fuir ne tient;
455   Fols est qui ne crient
Plus guerre que pais.

XXXIX.

Quant cuers se desment
Par boire qu'il sent
Qui n'est de saison,
460   Si hideusement
Por poi qu'il ne fent,
C'est contre raison.

Se mueble u maison,
Rente u garison,
465   A rendre consent,
Sans contriction
Fait confession,
Sers est a l'argent.

XL.

Faire le dolant   [col. 4.]
470   Sans cuer repentant
Sevent li pluiseur:
D'estre marceant
Monstrent le sanlant
En dras sans couleur;
475   Font du leu pasteur,
Glore a deshoneur
Vont ypocrisant;
Por tenser le leur
En non de foueur
480   Vont lor preu faisant.

XLI.

Qu'est cuers, viex et ors,
Dores par defors
Des beubans du mont?
Pardurable mors
485   A l'ame et au cors!
Ke feront cil dont
Ki endormi sont
En terre parfont?
U ert lor confors
490   Quant il arderont
Des pies dusqu'el front
En crier ahors?

XLII.

Tcus dist que ses fiex
Est scs cucrs et miex
495   Qui diroit qu'il ment,
S'il creoit que Diex
Fust envers lui piex.
Par l'enseignement
De vint sor le cent,
500   Ke raisous deffent,
A prendre en tous liex,
Sen fil et lui pent:
Tres dont qu'il le prent
Li bende il les iex.

XLIII.

505   Quant j'aim miex celui
Cui peres je sui
Por traitier a mort
Ke ne face autrui,
Se j'en ai anui,
510   Ce n'est mie a tort.
En grant desconfort
Ai pris men confort
Dusques au jor d'ui.
Or pri Diu k'a port
515   De salu me port,
Car onques n'i fui.

XLIV.

Terres mal seans,
Maigres, peu rendans
Pris a abaner
520   A kevaus fraians,
Petis, mal traians,
Faintis por pener.

---

499 De .xx. s. le cent.

Tans fu d'iverner
Quant duch messoner.
525 Or me soit aidans
Diex qui pardoner,
Plouvoir et touner
Set faire en tous tans.

XLV.

Autrement ne voi   [f. 344ʳ.]
530 De cou que je doi
Finer viegne a kief.
Par petit de foi
Trop souvent foloi.
Tout ert mis en brief.
535 Cius doit a meskief
Ki doit sor sen fief
K'il tient du grant roi,
Car parmi tout grief
Convient en tans brief
540 Paier s'il a coi.

XLVI.

Virge et mere au roi,
Grant plente de foi
Dont en moi defaut
As mise en estoi:
545 Done m'ent un poi
S'arai fait boin saut.
Oevre est de ribaut,
Quant li des li faut,
De dire estre loi:
550 De ce ne me caut.
A Diu ki tout vaut
Por servir m'otroi.

Anmerkungen.

1 Wegen *aroir* beim refl. Verbum s. Tobler, Aniel[2] zu 166 und Ztschr. f. rom. Phil. XII, 424.

10 = 367, ebenso 145 = 445, 214 = 289, 334 = 455.

30, 507 *traitier a mort* = tractare ad mortem (Du Cange).

33 *Biautes outre esmai* „Schönheit über Unruhe hinaus", d. b. die keine Unruhe einflöfst.

34 — 36 „Lafst uns den Trost derjenigen schleunigst zukommen, die unser mit aufrichtigem Herzen Erwähnung thun", d. h. wohl in ihrem Gebet unser gedenken.

49 *Sor me pel aeroi* „ich borge auf meine Haut", d. h. mache Schulden, ohne die geringste Aussicht zu haben, sie abtragen zu können.

101 *delitee* (statt *delites*) als ein dem Reim gebrachtes Opfer anzusehen, wird man sich bei der sonstigen Korrektheit des Gedichtes nicht entschliefsen können. Andererseits ist der Gedanke, eine Frau habe das Stück verfafst, abzuweisen, da genug Stellen vorliegen, wo eine Maskulinform eines Adjektivs oder Particips durch den Reim gesichert ist (z. B. 6, 9, 48, 51, 59). Aber die ganze Strophe ist vielleicht interpoliert, weil nur sie allein im ganzen Gedicht einen weiblichen Reim aufweist. Unter dieser Voraussetzung mag sie doch von einer Frau verfafst und später eingeschoben sein.

103 ff. Anspielung auf das Sprichwort *il fait mal lechier miel sus espine;* neufrz. *Trop achète le miel qui le lèche sur les épines* (Düringsfeld. Sprichwörter I, 391 Nr. 747).

140 *As fourques m'apui* „auf den Galgen stütz' ich mich", d. h. ich suche bei dem Hilfe, was mir den Tod bringt.

142 *Prestres d'ui en hui* „ein Priester von heute zu heute", d. h. ein Priester, auf den kein Verlafs ist.

152 *En un autre foel* „auf einem andern Blatt", nämlich eines Buches.

167 — 8 Wenn der Falke oder Sperber die Mäuse gut überstanden hat, gewinnt sein Flug an Kraft und Ausdauer.

170 Auch Danto nennt Maria einmal *oriafiamma* Par. 31,
127. wozu Witte bemerkt: Die Jungfrau Maria ist gleichsam die
Fahne, unter der die Christenheit sich sammelt; aber nicht wie die
Oriflamme von Saint-Denis zum Kampfo, sondern zur Anbetung.

178 ff. Du, die so geringe Verdienste aufzuweisen hatte,
bist so erhöht worden; also mufst du auch bei Gott voll und
ganz für uns eintreten.

205 Das Subjekt ist *pekies* der vorhergehenden Strophe.

211, 293 Wegen *deluer* s. Beaumanoir ed. Suchier II, 370.

223 Vgl. *De grand train sur l'estrain* (Godefroy).

224 „Kurz sind meine Morgen", d. h. ich wache früh auf.

264 *rikement* steht hier im Sinne von *rike;* vgl. Diez,
Gr.³ III, 314.

268 *erueus* neben *eruel* (205); s. Chev. as II. espees XXXVI.

282 *a sekes* „trocken, trocknen Fufses", wie *a certes, a
longes* (Diez a. a. O. II, 463).

317 *refui* = *refugium; refuit* 65 = *refugitum.*

324 *hambaut,* von Godefroy mit einem Fragezeichen versehen, scheint nichts Anderes zu sein, als das prov. *gambaut*
(Diez a. a. O. II, 376) mit der Bedeutung des altfranz. *jambet,
jambete* „Beinstellen, hinterlistige Nachstellung." Wegen des *h*
vgl. *houpil* (für *goupil, woupil*), eine Form, auf die von Tobler,
Ztsch. f. r. Ph. VIII, 498 aufmerksam gemacht worden ist, der zugleich nachweist, dafs vor dem *h* von *houpil* keine Elision stattfindet,
das *h* also wie ein aspiriertes behandelt wird. Aspiration liegt
auch an der Stelle unseres Textes vor: *Et plain de hambaut.*

333 *esseu* „Ausflufs, Abflufs", Verbalsubstantiv von *esserer,*
neufrz. *essaver* „abwässern, ableiten (s. Godefroy). *conter a esseu*
„bis zum Ausflufs", d. h. völlig Rechnung ablegen.

349 ff. Wer vermeint dem Tod entschlüpfen zu können, ist
nicht recht gescheit, da auch um den Stärksten zur Gruft zu
tragen, nicht viel Mühe aufgewandt zu werden braucht.

350 schien es ratsamer, in dem in der Hs. zu langen Vers
die Konjunktion *que* zu unterdrücken, als die Form *larrecin* in
larcin zu ändern. Beide Formen bestehen zwar altfranz. neben
einander (Tobler, Versbau² 33), allein erstere ist die gewöhnliche.

373 ff. „Willst du deine Seele fortwerfen, die über irgend
einen Preis, den man abschätzen könnte, hinausgeht", d. h. un-
schätzbar ist.

395 Mit den zwei Höllen meint der Dichter vermutlich die
Gewissensangst hienieden und die ewige Verdammnis nach dem Tode.

401 *derouerra* = *derourera.* Eine Reihe solcher Formen
mit umgestelltem *r* verzeichnet Bröhan, die Futurbildung im
Altfranz. S. 12.

450 „Wo sie nichts haben", wo sie kein Unrecht gut zu machen haben (446). Sie verfahren bei ihren Geschenken und Vermächtnissen in ganz willkürlicher Weise.

474 *dras sans couleur* „Kleider ohne Farbe" sind weifse und schwarze Kleider. „Sie geben sich den Anschein, Kaufleute zu sein" in den vorhergehenden Zeilen bezieht sich also wohl auf Mönche, deren Streben gleich dem der Kaufleute darauf gerichtet ist, Geld und Gut zu erwerben.

475 *faire du leu pasteur* (oder *bergier*) den Wolf zum Hirten machen, den Bock zum Gärtner setzen (Düringsfeld I, 128 Nr. 254).

479 *En non de foucur* (urspr. *fouc|or*) *Vont lor preu faisant* „unterm Anschein eines Gräbers (indem sie als solche erscheinen, die graben) betreiben sie ihren Vorteil." Der Dichter hat Leute im Auge, die ihr Geld vergraben in der Meinung, so am besten ihren Vorteil zu wahren. Vermutlich zugleich Anspielung auf Matth. 25, 18 ff.

498 ff. „Durch die Unterweisung von zwanzig auf das Hundert, welche Billigkeit verbietet", d. h. zwanzig Prozent zu nehmen, also Wucher zu treiben.

520 Unter *cheral fraiant* ist wohl zu verstehen, was man neufrz. *cheral qui se fraye aux ars* nennt, d. h. ein Pferd, das sich leicht wund reibt.

GLOSSAR.

3

a (*Raum*) 74, 514, 531 *zu*, 148,
271, 346 *in, an*, 237 *nach*,
65, 325 *auf*. 345 *mit; (Zeit)*
194, 368 *in; (Angehörigkeit)*
52, 170, 541 *von; (Mittel)*
354, 520 *mit; (Art u. Weise)*
58, 282, 453 *mit; beim Inf*.
43, 104, 163, 212 etc.
acroire *Ind. Prs. 1. Sy.* acroi
49 *leihen, borgen*.
Adam 86 *Adam*.
adosser 147, 348 *im Rücken
lassen, preisgeben*.
afiner 97 *verfeinern, läutern*.
afoler (*refl.*) 158 *zu Schaden
bringen*.
abaner 519 *bearbeiten, bebauen*.
ahors 492 *Zeter*.
aidier *helfen: Part. Prs.* aidant
525 *behülflich*.
aillours 84, 371 *anderswo*.
alegement 96, 261 *Erleichterung, Linderung*.
aler *Ind. Prs. 3. Sy.* vait 363,
3. Pl. vont 477, 480, *Fut.
2. Sy.* iras 326, *Conj. Prs.
3. Sy.* voist 137, *Imper. 1. Pl.*
alous 73 *gehen*. (*refl.*) s'en
aler 363 *fortgehen, hingehen;
dient mit dem Gerund. zur
Umschreibung des einfachen
Verbs* 477, 480.
alever 200 *erheben, hochbringen*.
alite 9 *bettlägerig, aufs Krankenlager geworfen*.
aloser 98 *loben, preisen*.
amasser 279 *anhäufen*.

ame 372, 374, 380, 432, 485
Seele.
amer 244, 254, 313. *Ind. Prs.
1. Sy.* aim 126, 505, *2. Sy.*
aimmes 431, *3. Sy.* aime 139
lieben. miex amer 126, 313,
505 *mehr lieben, lieber mögen*.
amour 74 *Liebe*.
ancois 18, 355 *vorher, zuvor*.
anui 509 *Verdrufs*.
aourer 46 *anbeten*.
aparillier 59 *bereiten, zurüsten*.
apensement 258 *Bedachtsamkeit*.
apercevoir (*refl.*) 304 *bemerken,
gewahr werden*.
aporter 433 *herbringen*.
aprendre *Perf. 3. Sy.* aprist 184,
Imper. 2. Sy. apren 43 *lehren*.
apuier (*refl.*) 64, 140 *stützen*.
aquerre *Perf. 3. Sy.* aquist 94
erlangen.
aquiter (*refl.*) 72 *seine Rechnung ausgleichen*.
arbre 17, 74 *Baum*.
ardoir *Ind. Prs. 3. Sy.* art 173,
Fut. 3. Sy. ardera 400. *3. Pl.*
arderont 490 *brennen, verbrennen*.
argent 468 *Geld*.
as = a les 140, 448.
assaier 28 *erproben, kosten*.
assalir *Ind. Prs. 3. Sy.* assaut
67 *angreifen, bedrängen*.
asseur 24 *sicher, zuversichtlich*.
atendre 273, 360, 429 *warten,
erwarten, zu erwarten haben*.
atout 341 *damit, dabei*.

3*

au = a le 160, 247, 411. 430.
autre 152. 228 *ander, Adr.* autrement 529; autrui 102. 135.
314, 508 *ein Anderer.*
avant 451 *vorher.*
avenir *Ind. Prs. 3. Sg.* avient
415, 447 *vorkommen, geschehen.*
aversite 5 *Widerwärtigkeit, Not.*
Trübsal.
avillier 298 *erniedrigen, schlecht behandeln.*
avoir 125. 229. 395. *Ind. Prs.*
1. Sg. ai 29, 50, 166, 220,
509. *2. Sg.* as 544. *3. Sg.* a
16, 41, 105; *3. Pl.* ont 366,
450. *Fut. 1. Sg.* arai 546,
3. Sg. ara 192, avera 408,
Conj. Prs. 2. Sg. aies 342,
3. Sg. ait 66. 213, 372 *haben,*
bekommen. a, i a 105, 352
es giebt. Inf. subst. 230, 278
Habe.

batillie 112 *befestigt.*
bel *schön;* par bel 208 *bei schönem Wetter.*
bender 504 *verbinden.*
besoing 271 *Angelegenheit;* 129,
247, 348 *Not, Notfall.*
beubant 483 *Gepränge.*
biaute 33, 97 *Schönheit.*
bien 167. 175. 214. 232, 289,
295, 351, 382 *wohl, sehr.*
auf rechte Weise.
bien 293, 387, 428 *Gutes.*
ble 241 *Korn, Getreide.*
boe 344 *Koth.*
boin 66, 329, 546 *gut.*
boire 458, *Ind. Prs. 1. Sg.* boi
225, *3. Sg.* boit 305, *Part.*
Perf. beu 311 *trinken. Inf.*
subst. 285 *Trank.*
bonte 98 *Güte.*
brac 136 *Arm.*
brasser 225. 285 *brauen.*
brief 322, 337, 404, 539 *kurz.*

brief *Verzeichnis, Brief;* metre
en brief 534 *schriftlich eintragen, aufzeichnen.*
brisier 384 *brechen.*
broier 178 *handeln, feilschen,*
markten.

c' = cou, ce.
cachier 188 *jagen, verfolgen,*
betreiben.
c'ai = qu'ai.
caloir *Ind. Prs. 3. Sg.* caut 70,
125, 550 *(unpers.) daran*
gelegen sein.
cambre 62 *Kammer.*
car 70. 274, 336 *denn.*
cascun 191, 250, 331, 405
jeder.
castel 13 *Schloſs.*
caut *heifs;* de pie caut 68
schnellen Fuſses. subst. 124
Hitze.
ce *s.* cou.
cel, *Nom. Sg. m.* cius, cix, cieus
(= cils) 40, 321, 403, 535,
Acc. Pl. m. ciaus 35, 365,
N. Pl. m. cil 486 *jener.* celui
138, 505 *derjenige.*
cent *(mit Artikel)* 499 *das*
Hundert.
cerkier 275 *suchen.*
cest *(N. Sg.* cist) 271 *dieser.*
chi *s.* ci.
ci, chi 84, 370 *hier.*
ciel, *Acc. Pl.* ciex 435 *Himmel.*
cier 439 *theuer.*
cillier 54 *dem Falken die Augenlider zunähen; zuschlieſsen.*
clamer 245, 253 *nennen.*
clarte 3 *Klarheit, Helle.*
cliner 306 *neigen, sich neigen.*
coi *s.* que.
col 141. 160 *Hals.*
comment 204 *wie.*
c'on = qu'on.
confession *Beichte;* faire confession 467 *beichten.*

confort 34, 193, 444, 489 *Trost,
Hilfe;* prendre confort 512
Trost suchen.
cousaut *s.* consillier.
consel 221 *Rat.*
consentir 465 *einwilligen.*
cousillier 51, 296. *Conj. Prs.
3. Sg.* consaut 132 *raten,
beraten.*
contekier 103 *gefallen.*
conter 333 *rechnen, Rechnung
ablegen.*
contre 462 *gegen.*
contriction 466 *Zerknirschung.*
couvenir, couvenir *Ind. Prs.
3. Sg.* convient 331, 332. 353,
418, 451, convient 539 *ge-
ziemen, zukommen, nötig
sein, müssen.*
corre *Ind. Prs. 3. Sg.* kcurt 453;
Conj. Prs. 3. Sg. keure 68
laufen; (trans.) rennen, jagen.
corrompre *Ind. Prs. 3. Sg.* corront 277 *rerderben, rerführen.*
cors 61, 272, 290 *Leib.*
cou, ce 184, 192, 243, 530, 550
das, dies.
couleur 474 *Farbe.*
cours *Lauf;* aler le cours 73
laufen.
court 77, 224 *kurz.*
cousteus 409 *kostspielig.*
couvenir *s.* convenir.
creatour 320 *Schöpfer.*
criendre *Ind. Prs. 2. Sg.* criens
431, *3. Sg.* crient 22, 334,
455 *fürchten.*
crier 80, 492 *rufen, schreien.*
croire *Imperf. 3. Sg.* creoit 496.
Part. Perf. creu 220 *glauben.*
cruel 205 ⎫ *grausam, schreck-*
crucus 268 ⎭ *lich.*
cuer 27, 36, 45, 259, 272 *Herz.*
cui *s.* que.
cuidier 229, 281, 299, 349 *denken, meinen, wähnen.*
c'umilites = qu'umilites.

d' = de.
dame 55, 81, 163, 193, 253,
271, 433 *Herrin, Königin.*
de 38, 142, 218, 274 *von;* 111,
412 *ans;* 29, 278 *durch;* 332,
342, 356, 530 *in Betreff;*
(*zeitlich*) a) 7 *seit,* b) 251
bei, rgl. 459; (*Art und Weise*)
36, 68, 275, 369 *mit; beim
Inf.* 60, 188, 210 etc.
de 548 *Würfel.*
decevoir *Ind. Prs. 1. Pl.* dece-
vous 198 *täuschen.*
decours 3 *Abnahme.*
dedens 173, par dedens 150 *in.*
deduit 61 *Freude, Wonne.*
defaillir *Ind. Prs. 3. Sg.* defaut
543 *mangeln, gebrechen.*
deffendre 221, 500 *rerbieten.*
defors *aufsen;* par defors 482
ron aufsen.
dekeoir *Part. Perf.* dekeu 218
herabfallen, herunterkommen.
delit 362, 437 *Ergetzung, Lust.*
deliter (*refl.*) 4, 101 *sich er-
getzen.*
deluer 211, 293 *aufschieben,
zögern.*
demain 224 *Morgen.*
des = de les 29, 165, 291, 483.
desbourer (*refl.*) 47 *sich rei-
nigen.*
desconfort 511 *Unheil.*
desert 165 *Verdienst.*
deshoneur 476 *Unehre.*
desirer 195 *ersehnen.*
desmenter (*refl.*) 457 *aufser sich
sein, sich wie wahnsinnig
geberden.*
desnuer 164 (*refl.*) 290 *ent-
blöfsen, berauben.*
desordence *ungeordnet;* mort
desordence 108 *durch den
Empfang der Sakramente
nicht rorbereiteter, unbufs-
fertiger Tod.*

desous, par desous 154 *unter.*
despendre 231, 276 *ausgeben.*
desperer (*refl.*) 239 *verzweifeln.*
despire *Part. Perf.* despis 364 *verachten.*
desrachiner 309 *entwurzeln, losreifsen.*
destre 226 *recht.*
desvoier 266 *vom Wege abbringen, irreführen.*
detrier 79 *zögern, säumen.*
deul 216 *Leid.*
deus 395 *zwei.*
devant 60 *vor.*
devoir *Ind. Prs. 1. Sg.* doi 50, 175, 219, 530, *2. Sg.* dois 178, 244. 252, 309, 340, 355, 356, *3. Sg.* doit 24, 39, 103, 207, 250, 254, 314, 378, 379, 396, 535, 536, *1. Pl.* devons 195; *Perf. 1. Sg.* duch 524; *Conj. Imperf. 3. Sg.* deust 414 *müssen, sollen, dürfen; schuldig sein, schulden.*
devourer *Fut. 3. Sg.* devouerra 401 *verschlingen, verzehren.*
di 365 *Tag.*
diffamer 257 *schmähen.*
dire 549. *Perf. 3. Sg.* dist 493, *Cond. 3. Sg.* diroit 495 *sagen.*
dit 386 *Wort.*
Diu, Dieu 19, 90, 132, 174, 514 *Gott.*
divers 394 *seltsam, schlimm.*
dolant *traurig;* faire le dolant 469 *den Traurigen spielen.*
dolereus 10, 367 *schmerzlich, bitter.*
don 449 *Geschenk.*
doner *Ind. Prs. 1. Sg.* doing 272, *Imper. 2. Sg.* done 545 *geben.*
dont 427 *woher, Gen. des Rel.* 286 *dessen,* 6 *von welcher,* 42, 53 *mit welchem etc., vgl.* 156, 200, 360, 400, 419, 543; *wodurch* 159.

dont 73, 486 *dann: also.*
dorer 482 *vergolden.*
dou, du = de le 26, 31, 62, 278.
dous 439 *süfs, holdselig.*
doutif 116 *furchtsam, bange.*
drap 474 *Tuch, Kleid.*
droit 20, 253, 326 *recht.*
droit 201, 249 *Recht.*
dusque, dusques 160, 491, 513 *bis.*
du *s.* dou.

efforcement 255 *stark, mit Macht.*
el, u = en le 141, 160, 491.
ele 72 *sie.*
emprendre *Perf. 1. Sg.* empris 284, *3. Sg.* emprist 87 *auf sich nehmen, sich unterfangen.*
ent, en 363 *hinweg, weg;* 175, 509 *deshalb, darum;* 197 *in Bezug darauf;* 287, 545 *davon; pleonastisch nach einem Gen.* 410.
en 3, 13, 57, 90 *etc. in;* 1, 25, 501 *an;* 78, 152, 242, 268 *auf;* 142, 528 *zu.*
encor 76 *obgleich.*
encruer 292 *anhangen.*
endormir (*refl.*) 27, 196, 436 *einschlafen.*
enfantil (*Nom.* enfanties) 187 *kindlich.*
enforcier 168 *verstärken.*
engien 209 *List.*
enseignement 128, 498 *Unterweisung.*
entait 389 *ganz hingegeben, bedacht.*
entamer 256 *verletzen.*
entendre 130, 267 *denken, bedacht sein.*
entre 83, 119 *unter.*
envers 425, 440 *gegen.*
es = en les 186, 362, 437, 443.
esconser (*refl.*) 177 *sich bergen.*
escot 409 *Zeche.*

eslais 453 *Sprung.*
eslire 422 *auswählen.*
esmai 33 *Bestürzung, Unruhe.*
esmaier *Inf. subst.* 420 *Er-
schrecken, Bestürzung.*
esnovoir (*refl.*) *Ind. Prs. 3. Sg.*
esmuet 294 *sich in Bewegung
setzen, sich aufmachen.*
espœier *rein ausbezahlen,* (*refl.*)
417 *seine Schuld abtragen.*
espine 104 *Dorn.*
esploit 243, 302 *Gewinn, Nutzen.*
esprisner 375 *abschätzen.*
esseu 333 *Ausflufs, Abflufs;
s. die Anm.*
estaincre *Imper. 2. Sg.* estain
172 *löschen.*
estoi *Behälter;* metre eu estoi
544 *aufbewahren, aufheben.*
estovoir *Ind. Prs. 3. Sg.* estuet
47, 300, 306 (*unpers.*) *müssen.*
estraigcement 88 *seltsam, wun-
derbar.*
estrain 223 *Streu.*
estre 24, 113, 219, 346. 472,
Ind. Prs. 1. Sg. sui 6. 30, 48.
51, 101, 316, *2. Sg.* es, ies
361. 394, 421, 426, *3. Sg.* est
40, 45, 64; *3. Pl.* sont 224.
318. 336, 487; *Perf. 1. Sg.*
fui 516, *3. Sg.* fu 187, 440.
523; *Fut.* a) *3. Sg.* ert, iert
233, 264, 399, 489, 534.
b) *2. Sg.* seras 368, *3. Sg.*
sera 270; *Conj. Prs. 1. Sg.*
soie 57, 59, *3. Sg.* soit 76,
191, 357, 425, 525; *Imperf.
3. Sg.* fust 497; *Part. Perf.*
este 366 *sein, sich befinden;*
523 *da sein,* 318 *beruhen,*
264 *zu Teil werden.*
estre 549 *aufser, aufserhalb,
wider.*
estreloi 246, 358 *Ungesetzlich-
keit, Unbilligkeit.*
et 52, 63, 69, 115 *und; im
Nachsatz* 408.

eur 16 *Glücksfall.*
esvillier *wecken; Part. Perf.*
58 *wach.*

faidif 119 *feindlich.*
faillir *Ind. Prs. 3. Sg.* faut 121,
318 *ein Ende nehmen;* 548
*im Stich lassen, untreu
werden.*
faim 124 *Hunger.*
faintif 522 *säumig, faul.*
faire 249, 319. 418, 469, 528,
Ind. Prs. 1. Sg. fac 134, 151,
159, *2. Sg.* fais 343, 385,
3. Sg. fait 205, 214, 289, 302.
381, 467, *3. Pl.* font 35, 449,
475; *Perf. 1. Sg.* fis 283,
3. Sg. fist 91, 111, 181, 407.
Fut. 3. Sg. fera 397, *3. Pl.*
feront 486, *Cond. 2. Pl.* feries
441, *Conj. Prs. 1. Sg.* face
508, *3. Sg.* face 246; *Imper.
2. Plur.* faites 93, *Gerund.*
faisant 480, *Part. Perf.* fait
66, 143, 162, 315, 357, 442,
446, 546 *machen, thun, begehen, schaffen;* 143, 441
zu etwas machen: mit Inf.
159, 246, 528 *machen, lassen,
bewirken; mit* a *und nach-
folgendem Inf.* 214, 289, 381
sein; stellvertretend 508, *faire
confession,* le dolant, jugement,
paiement, plaie, son preu,
raison, recort, retour *s. unter
den betreffenden Wörtern.*
fais 145, 199, 338, 344, 403,
445 *Last.*
fait 100, 386 *That.*
favrekier 107 *hervorbringen,
bewirken, verursachen.*
feme 87 *Weib, Frau.*
fendre 461 *zerspringen.*
fevle 7 *schwach.*
fi 286 *sicher.*
fief 536 *Lehen.*
fielee 105 *Galle.*

lier (refl.) 78 vertrauen.
lil (Nom. fius, fiex) 111, 191, 439, 493, 502 Sohn.
lin 325 Ende.
finer 531 beendigen, rollenden; Inf. subst. 312 Ende.
flour, fleur 18, 109 Blume.
foel 152 Blatt.
foi 169, 532, 542 Glaube.
fol S. 130, 157, 206, 334, 455, Adr. folement 86 thöricht.
folie 413 Thorheit.
foloier 533 Thorheiten begehen.
fontaine 169 Quelle.
fors 26 heraus, 83, 105 aufser.
fort 352 stark; adverbial gebraucht 437 fest.
foueur 479 Gräber.
fourques (Plur.) 140 Galgen.
traiant 520 sich wund reibend.
fraile 217 gebrechlich.
fraim 227 Zügel.
freur 14 Furcht.
front 491 Stirn.
fruit 17, 62 Frucht.
fuer 262, 374 Preis.
fuir 82 fliehen; Inf. subst. 454 Ausreifsen.

garder 343, 391 Acht haben.
garison 464 Vorrat.
gens 354 Leute.
gesir Ind. Prs. 3. Sy. gist 150, 185 liegen, ruhen.
glore 476 Ruhm.
glouton 377 gierig.
goir Ind. Prs. 3. Sy. got 413 sich erfreuen, Geschmack finden.
goute (mit ne) 301 gar nicht.
grant 65, 179, 181, 275, 283 grofs.
grever (refl.) 202 sich quälen.
grief 233, 338, 403 schwer.
grief 538 Beschwerde, Mühsal.
guerre 456 Krieg.
guerroier 174, 265 bekriegen.

hair Ind. Prs. 1. Sy. hac 144 hassen.
hambaut 324 hinterlistige Nachstellung, List, s. die Anm.
hardement 85 Kühnheit.
haster 34 beschleunigen; 327 fördern.
haut 62, 242, 262 hoch: erhaben.
hideus 315, Adv. hideusement 460 grausig, entsetzlich.
hors aufser, aufserhalb; hors du seus 351, 426 von Sinnen.
huer 159, 214, 289 schreien, ausschreien, mit Geschrei verfolgen.

i 15, 18, 66, 68, 206, 207, 516 da, dort, dabei, darin; dorthin.
iex s. oel.
il masc. 192, 287, 414, 458, 461 er; neutr. 76, 197, 306, 332 es; masc. Plur. 450, 490 sie.
infer 360, 395 Hölle.
iverner 523 wintern, Winter werden.

j' = jou, je.
je s. jou.
jeter puer 373 wegwerfen, fortwerfen, verwerfen, 260 hinauswerfen, befreien.
joie 121 Freude.
joindre Imper. 2. Sy. joing 345 verbinden, zusammenbringen.
jor, jour 7, 25, 69, 76, 222, 322, 368 Tag. au jor d'ui s. ui.
jou, je 29, 136, 143, 144, 156, 274, 505, 506 ich.
juer 166, 207 spielen.
jugement Urteil; faire jugement 93 Urteil sprechen, richten.

k' = ke.
kaoir Ind. Prs. 2. Sing. kies 341 fallen.

karite 1 *Liebe, Barmherzigkeit.*
ke *s.* que.
kemin 326 *Weg.*
keurt, keure *s.* corre.
keval 452, 520 *Pferd.*
ki *s.* qui.
kief 531 *Ende.*
kiex *Wahl;* estre a kiex 421
  zu wählen haben.

l' = le, la, li.
la 21, 252 *da, dort.*
labourer 42. 379 *arbeiten.*
lac 141 *Schnur, Strick.*
lai 281 *See.*
laier 414 *lassen, unterlassen.*
lais 449 *Hinterlassenschaft,*
  Vermächtnis.
lait 146 *häfslich;* par lait 208
  bei schlechtem Wetter.
largue 1 *freigebig.*
larrecin 350 *Diebstahl.*
le 1) *Artikel Acc. Sg. Masc.* 73,
  85. 131, *dsgl. Fem.* 172, 335,
  Nom. Sg. Masc. li 15, 38, 77,
  149, *dsgl. Fem.* 228; *Plur.*
  Masc. li 329, 471, *Acc. Pl.*
  les 53, 504. 2) *Pron. pers.*
  3. Pers. Acc. Sg. Masc. 132,
  228. 503. *Fem.* la 345. *Plur.*
  les 407.
lequier, lekier 104, 311 *lecken.*
les (*Art. u. Pron.*) *s.* le.
leu 336, 475 *Wolf.*
leur *s.* lor.
lever 199 *heben,* (*refl.*) 235,
  328 *sich erheben, aufstehen.*
li 1) *Art. s.* le. 2) *Pron. pers.*
  3. Pers. Dat. Sg. (*éonjunctive*
  Form Masc. u. Fem.) 75, 118,
  504, 548. 3) *Acc. Sg. Fem.*
  (*absolute Form*) *s.* lui.
lie 340. 407 *froh.*
liu, lieu (*Nom. Sg. u. Acc. Pl.*
  lius, liex) 186, 442, 501
  Ort, Stätte.
loer (*refl.*) 410 *sich rühmen.*

loi 166, 228, 549 *Recht, Billigkeit.*
loier 179, 268 *Lohn.*
loing 248, 339 *weit;* de loing
  274 *von weit her.*
lonc 7 *lang. Adr.* 210 *fern. weit.*
lontain 48 *fern.*
lor, leur 327, 480, 489 *ihr;* le
  leur 478 *das Ihrige.*
lui (*absolute Form des Pron.*
  pers. 3. Pers. Acc. Sg. Masc.)
  210. 303, 313, 412, 417, 438,
  497, 502 *ihn, ihm,* (*refl.*)
  sich; Fem. li 80 *sie, ihr.*
lyon 83 *Löwe.*

m' = me.
mai 25 *Mai.*
maigre 518 *mager.*
main 41, 226, 402 *Hand.*
mains *weniger;* 50 je *weniger;*
  le mains 388 *das Wenigste,*
  den geringsten Grad.
mais 297 *aber;* mais que 72
  wenn nur.
maison 463 *Haus.*
mal 291, 292, 428 *Böses, Übel.*
mal 51, 517, 521 *übel, schlecht.*
maladif 114 *krank.*
malvais, mauvais 14, 316, 347,
  448 *schlecht.*
marceant 472 *Kaufmann.*
matin 328 *frühe.*
me 4, 6, 26, 32, 43 *mir, mich.*
me *s.* mon.
mechiner 303 *ärztlich behan-*
  deln, kurieren.
men *s.* mon.
mendi 240 *bettelarm.*
mentir 495 *lügen.*
mer 242 *Meer.*
merci 75 *Gnade.*
mcre 12, 52, 92, 263, 541 *Mutter.*
merveille 283 *Wunder, Wun-*
  derwerk.
mes, mis *s.* mon.
mesfaire *Ind. Prs. 1. Sg.* mesfac 133 *Böses thun.*

meskief 399, 535 *Unglück.*
mesprisier 378 *gering schätzen, verachten.*
messoner 524 *ernten.*
mesvoir *Ind. Prs. 1. Sg.* mesvoi 53 *schlecht sehen.*
metre 155, *Perf. 3. Sg.* mist 90. 182. *Conj. Prs. 3. Sg.* mece 359. *Part. Perf.* mis 223, 361, 534, 544; *setzen, legen:* 155 *thun;* 359 *bringen;* 223 *legen, hinstrecken:* metre en brief, en estoi *s. unter* brief, estoi. *(refl.)* 90. 182 *sich begeben, Wohnung nehmen;* 361 *sich verlegen, sich einlassen.*
meur 17 *reif.*
mie *(mit* ne) 40, 148, 243, 510 *gar nicht.*
mien *(mit Art.)* 231 *das Meinige.*
miex 372, 494 *Besseres;* men, teu. no miex 118, 188. 422 *mein, dein, unser Bestes.*
miex 126, 244, 313, 505 *besser, lieber, mehr.*
mis *s.* mes.
moi 164, 173, 257, 260, 266. 543 *mir, mich.*
mol 161 *weich.*
molt 267, 273, 339 *viel, sehr.*
mon, men *Acc. Sg. Masc.* 118, 154, 168, 227, 259, 320, 512, *Nom. Sg. Masc.* mes, mis 27, 45, 120, 436. *Fem.* me 49. *Acc. Pl.* mes 119, 153. *Nom. Pl.* mi 224, 317 *mein.*
monstrer *zeigen;* monstrer le sanlant 473 *sich den Anschein geben.*
mont 278, 483 *Welt.*
mordre *Ind. Prs. 3. Sg.* mort 204 *beifsen, schädigen.*
morir 300 *sterben.*
mort 30, 70, 108 *Tod.*
mortel 362 *tödlich, todbringend;*
mortel pekie 308 *Todsünde.*

mours 8 *Sitten, Gewohnheiten.*
mueble 463 *bewegliche Habe, Hausgerät.*
muer 215 *verwandeln,* 167 *mausen.*
musart 245 *Maulaffe, Tropf.*

n' = ne.
ne 16, 18, 21, 28, 70, 80 *nicht.*
ne 41, 136, 431 *noch,* ne — ne 84 *weder — noch.*
nef 280 *Schiff.*
netement 127 *rein.*
nient 23, 450 *nichts, nicht.*
no *Acc. Sg. Masc.* 89, 188, *Nom. Sg. Masc.* nos 404, *Nom. Pl. Masc.* no 322 *unser.*
non *Name;* en non de 479 *unterm Anschein, als.*
nos 36, 56, 78 *wir, uns.*
nu 217 *nackt, blofs.*
nuit 69, 222, 294, 307 *Nacht.*
nul 286, 330 *kein; subst.* 16, 21, 64, 190, *Acc.* nului 139 *Keiner.*

odour, odeur 28, 37, 110 *Wohlgeruch, Duft.*
oel 150, *Acc. Pl.* iex 53, 58, 438, 504 *Auge.*
oevre 547 *Werk, Handlung.*
oir *Ind. Prs. 3. Sg.* ot 296 *hören.*
oisel 236 *Vogel.*
hom 149, 286 *Mensch;* on 39, 107, 254, 400 *man.*
on *s.* hom.
honeste 186 *ehrbar.*
oneur 218 *Ehre.*
onques *(mit* ne) 516 *niemals.*
or 232, 514, 525 *nun.*
orgoel 155, 384 *Stolz.*
orillambe 170 *Oriflamme.*
orillier 295 *horchen, aufmerken.*
ort 146, 161, 481 *unrein, schmutzig.*
otroier *(refl.)* 552 *sich ergeben.*
ou, u 23, 463, 464 *oder.*
ourer 60, 382 *beten.*

outro 33 *über — hinaus.*
ovrer 369 *zu Werke gehen,
handeln.*
ovrir *Imper. 2. Sg.* oevre 438
öffnen.

paiement *Zahlung;* faire paiement 357 *Zahlung leisten.*
paier 411, 540 *bezahlen.*
pain 38 *Brot.*
pais 148, 346, 388, 456 *Friede.*
par *(zeitlich)* 69, 208 *bei; (Ur-
sache)* 16, 94, 100, 128 *etc.
durch;* 85 *um — willen;
(Mittel)* 87 *vermittelst, ver-
möge; (vor Adr. oder Präp.)*
150, 154, 482, *(beim Inf.)*
46, 106, 279, 382.
pardoner 526 *vergeben, verzeihen.*
pardurable 484, *Adr.* pardurablement 123 *ewig.*
parfont 281 *tief: als Adr. gebraucht* 488.
parmi 538 *mitten in.*
passer 282 *überschreiten, durch-
schreiten,* 374 *übersteigen,
hinausgehen.*
pasteur 475 *Hirt.*
pekie 22, 54, 67, 95 *Sünde.*
pekier 106 *sündigen.*
pel 49 *Haut.*
pelerin 329 *Pilger.*
pendre 502 *hängen. dem Ver-
derben preisgeben.*
pener 522 *sich Mühe geben,
sich anstrengen.*
pensee 100 *Gedanke.*
penser 355, 385, 427 *denken,
bedenken.*
pensif 115 *nachdenklich.*
percevoir *Ind. Prs. 1. Pl.* per-
cevous 203 *bemerken, gewahr
werden.*
perdre 312, 392, *Fut. 3. Sg.*
perdera 398 *verlieren.*
pere 506 *Vater.*
peril 196 *Gefahr.*

pesant 145, 344, 445 *schwer.*
peser 131 *abwägen, prüfen,
untersuchen.*
petit 521 *klein, gering;* 23, 302,
532 *wenig.*
peu *s.* poi.
peur 21 *Furcht.*
pie 41, 68, 136, 307, 402, 491
Fufs.
pieur *(Neutr. mit Art.)* 423, 430
das Schlechtere: pis 151, 213
Schlechteres. Schlimmeres.
pis *s.* pieur.
pite 12 *Mitleid, Erbarmen.*
piu 190, 425, 440, 497 *fromm,
mild, gütig, gnädig.*
plaie 212 *Wunde;* plaie faire
205 *eine Wunde schlagen.*
plain 8, 37, 61, 109, 324 *voll.*
plente 354, 542 *Menge, Fülle.*
ploi 57, 359 *Falte, Gestalt,
Zustand.*
plour 10, 367 *Thräne.*
plourer 43, 383 *weinen.*
plouvoir 527 *regnen.*
pluiseur *(mit Art.)* 471 *die
Meisten.*
plus 376, 456 *mehr.* 50 *desto
mehr;* 248 *zur Bildung des
Comparativs verwandt;* 310,
312, 389, 407, 408 *am meisten.*
poi, peu 180, 321, 330, 364,
518, 545 *wenig;* por poi que
ne 461 *beinahe.*
poissant *mächtig;* tout poissant
183 *allmächtig.*
pont 280 *Brücke.*
pooir *Ind. Prs. 1. Sg.* puis 232,
3. Sg. puet 63, 291, *Conj.
Prs. 3. Sg.* puist 42, 288, 375
können.
por 56, 91, 157 *für;* 89, 117,
121, 377, 392 *um — willen,
wegen;* 201 *statt: beim Inf.*
44, 113, 118, 131, 260 *etc.
um — zu.*

porquerre *Perf. 3. Sg.* porquist
189 *suchen, begehren.*
port 31, 514 *Hafen.*
porter 339. 353 *tragen*, 32. 515
bringen: en porter larrecin
350 *einen Diebstahl begehen.*
poureae *Verfolgung. Betreibung:*
aler en poureae 137 *drauf
ausgehen, eifrig trachten.*
povre 217 *arm.*
prendre 501, *Ind. Prs. 2. Sg.*
prens 423. 3. *Sg.* prent 503,
Perf. 1. Sg. pris 519, 2. *Sg.*
presis 180. *3. Sg.* prist 92;
Conj. Prs. 3. Sg. prenge 71,
Imper. 2. Sg. pren 325, *Part.
Perf.* pris 236, 512. — 92,
423. 501. 503 *nehmen;* 180
empfangen; 236 *fangen;* 71
überfallen; 519 *unterneh-
men;* prendre confort. warde
s. unter confort, warde.
pres que 434 *beinahe.*
prestre 142 *Priester.*
preu 327. 371, *Nutzen, Vorteil;*
480 faire son preu *seinen
Vorteil betreiben.*
preu 15 *wacker, tapfer;* 120
klug, kluggewählt, vorteilhaft.
preudome. *Nom.* preudom 330
Ehrenmann.
prisier 381 *schätzen.*
proier, prier 75. 175. 269, *Ind.
Prs. 1. Sg.* pri 514 *bitten;
beten.*
puant 161 *stinkend.*
puer *hinweg, fort; s.* jeter puer.

qu' = que.
quanque 332 *Alles was.*
quant 182. 238, 284, 524 *als;*
135. 158, 199, 296. 316. 411,
421. 457. 490. 505. 548 *wenn;*
91. 179, 190. 236, 352, 439
da, dieweil.
que, ke (*Relat. u. Inter.*) *Acc.
Sg. u. Pl.* 29. 39. 86. 134.

375, *Nom. Sg. u. Pl.* qui, ki
41. 56. 121, 122. 129, 334,
335, *Gen., Dat., Acc.* cui 506,
19. 95, 149, 416, 67, 71. 197,
nach Präpos. 78, 391 *welcher,
wer; Neutr.* que, ke 134,
397, 428, 481, 486 *was,*
cou que 234. 356, 530 *das
was, Nom.* cou qui 318; coi
237, 392 *welcher, was;* 540
etwas.
que, ke 57, 58, 80, 92 *dafs;*
que — ne 66 *dafs nicht,
ohne dafs;* 245. 358 *als dafs;
nach Comparativen* 151, 313,
376 *als;* 50. 240 *denn;* 219
wie; unterdrückt 137, 530.
querre 118. 444. *Perf. 3. Sg.*
quist 192, *Fut. 1. Sg.* querrai
153; *Conj. Prs. 3. Sg.* quiere
209, *Imper. 2. Sg.* quier 371
suchen, zu erlangen suchen.
qui, ki *s.* que.

raison 441, 462, 500 *Vernunft,
Recht, Billigkeit;* faire raison
249 *Rechenschaft ablegen.*
raloier 171 *wieder sammeln.*
ravoier 176 *auf den rechten Weg
zurückbringen.*
ravoir 233 *wiederbekommen.*
recort *Erwähnung;* faire recort
35 *Erwähnung thun.*
reculer 247 *zurückweichen.*
refui, refuit 65, 317 *Zuflucht,
Hilfsmittel.*
remordre *Ind. Prs. 3. Sg.* remort
197 *peinigen, quälen.*
removoir (*refl.*) *Ind. Prs. 3. Sg.*
remuet 297 *in Bewegung
geraten, sich rühren.*
remuer 212 *aufrühren.*
rendre 465 *ausliefern;* 270 *er-
statten;* 446, 451 *ersetzen,
wieder gut machen;* 518 *eintragen.*
rente 464 *Einkommen.*

repentir *Part. Prs.* repentant 470 *bereuend, reuig.*

requerre *Ind. Prs. 1. Sy.* requier 11, 99 *begehren.*

resourdre *(refl.) Part. Perf.* resours 6 *wieder erstehen, sich wieder aufrichten.*

respasser 288 *genesen.*

resvigourer 44 *wieder Kraft bekommen.*

retenir *Ind. Prs. 3. Sy.* retient 452 *anhalten, zügeln, (refl.)* 15 *sich halten. rerbleiben.*

retour *Rückkehr:* faire retour 319 *zurückkehren;* 113 *Zufluchtsort, Ruhcort.*

reuber 135 *berauben.*

ribaut 547 *liederlicher Mensch. Vagabund.*

rike 448 *mächtig, reich. Adr.* rikement 264 *mächtig, wirksam.*

riu 2 *Bach. Bronnen.*

roi 52, 170, 537, 541 *König.*

roine 31, 435 *Königin.*

rose 25 *Rose.*

ruer *(refl.)* 162 *sich werfen,* 210 *fortstürzen, hinwegeilen.*

s' = se, si.

sain 40 *gesund.*

saison *Jahreszeit;* de saison 251 *zur rechten Zeit;* 459 *angemessen, angebracht.*

salir 248 *springen.*

salu 32, 515 *Heil.*

saluer 163 *grüfsen.*

sanlant 473 *Aussehen. Anschein; rgl.* monstrer.

sans 258, 280, 323, 466, 470 *ohne.*

sauf *unverletzt;* saus tous drois 249 *unbeschadet aller Rechte.*

saut 66, 315, 546 *Sprung;* faire boin, hideus saut *in eine gute bzw. grausige Lage geraten.*

sauvement 89 *Rettung, Heil.*

savoir 232, *Ind. Prs. 1. Sy.* sai 82, 269, 3. Sy. set 295, 384, 528, 3. Pl. sevent 471 *wissen.*

savourer 39, 380 *schmecken, kosten, geniefsen.*

se 15, 182, 291, 296, 410 *sich.*

se s. son.

se 18, 28, 79 *wenn.*

se s. si.

secours 11, 81, 99, 117 *Hilfe.*

sejour 120, 323, 370 *Aufenthalt.*

sek *trocken:* a sekes 282 *trocknen Fufses.*

selonc 406 *gemäfs, nach.*

semer 241, 251 *säen.*

sen s. son.

sens *Sinn, Verstand;* hors du sens 351, 426 *von Sinnen.*

sentir 458 *fühlen, spüren.*

seoir *Part. Prs.* seant 517 *sitzen, liegen.*

serf 468 *Diener, Sklave.*

servir 138, 391, 552 *dienen.*

seur 13, 323 *sicher.*

si 65, 179, 180, se 264 *so: im Nachsatz* 77, 141, 192, 225, 239.

siecle 321, 390 *Welt, Leben.*

sifait 156, 219, 366 *so gestalt, so beschaffen.*

simplece 181 *Einfalt, Schlichtheit.*

sobrement 126 *nüchtern, mäfsig.*

soel 154 *Sohle.*

soi, soif 124, 172 *Durst.*

soing 275, 284 *Sorge,* avoir soing 342 *Sorge tragen, sorgen.*

soloir *Ind. Prs. 1. Sy.* soel 151 *pflegen.*

son, sen *Acc. Sy. Masc.* 96, 295, 454, 502, 536, *Nom. Sy. Masc.* ses 191, 493, *Fem.* se 87, 148, 189, *Acc. Pl.* ses 216, 402, 406, 438 *sein.*

songier 230 *träumen.*

sor 49, 223, 499, 536 * quf.*

sorsaut (en) 71, 122 *unver-sehens, plötzlich.*

sot 112 *Thor.*

sougesir *Ind. Prs.3. Sy.* sougist 95 *unterworfen sein, unter-liegen.*

souhait 153, 216 *Wunsch, Wün-schenswertes, Erfreuliches.*

souspendre *Part. Perf.* sous-pris 287 *ergreifen, über-wältigen.*

souvenir 396, *Ind. Prs. 3. Sy.* sovient, souvient 19, 416 *(un-pers.) sich erinnern.*

sovent, souvent 106, 133, 341, 533 *oft.*

subtillier 55 *ausklügeln, auf Mittel sinnen.* 299 *sich Ge-danken machen.*

suer 263, 376 *Schwester.*

t' = te.

tai 26, 149, 160 *Kot.*

tans 77, 337, 363, 528 *Zeit.*

tant 79, 91, 133, 187 *so viel, so sehr, so lange, so.*

tart 235, 420 *spät;* a tart 304 *schwerlich, kaum.*

te 48, 175, 246 *dir, dich.*

te s. ton.

tel 57, 199, 419, *Nom.* tels, teus, tes 493, 144, 359 *sol-cher; Mancher.*

ten s. ton.

tendre 237 *trachten.*

tenir 227, 390, *Ind. Prs. 1. Sy.* tieng 157, 2. *Sy.* tiens 430, 3. *Sy.* tient 20. 454, 537. — 227 *halten,* 20 *einhalten,* 454 *aufhalten,* 390 *festhalten, hängen;* 537 *haben, besitzen (als Lehen),* (refl.) 430 *sich halten,* se tenir por 157 *sich halten für.*

tenre 256 *zart.*

tenser 478 *schützen.*

terre 488, 517 *Erde, Land, Länderei.*

toi 46, 60, 177 *dir, dich.*

ton, ten *Acc. Sy. Masc.* 241, 371, 377, 422. *Nom. Sy. Masc.* tes 337, 338, 358, *Fem.* te 28, 325, 372, 374 *dein.*

tort 201, 441, 446, 510 *Unrecht.*

tost 335 *schnell.*

touner 527 *donnern.*

tour 419 *Wendung, Gang, Fahrt.*

tour 112 *Turm.*

tout 110, 114, 249, 263 *jeder, Pl. alle; Neutr.* tout 63, 276, 534, 551 *Alles.*

tout poissant s. poissant.

toute jor 415 *den ganzen Tag, immer.*

traire *Ind. Prs. 3. Sy.* trait 206. *Imper. 2. Sy.* trai 26; *Part. Prs.* traiant 521 *ziehen; (refl.) sich begeben, sich wenden.*

trait 305 *Zug.*

traitier a mort 30, 507 *dem Tode überantworten.*

trekier 102, 310 *betrügen.*

tres dont 503 *von der Zeit an, von dem Augenblick an.*

tresor 347 *Schatz.*

triste 115 *traurig.*

trop 4, 45, 77, 88, 145 *zu viel, zu sehr, zu.*

trover, trouver *Ind. Prs. 1. Sy.* truis 9, *Perf. 1. Sy.* trovai 238, *Fut. 3. Sy.* trouvera 405, *Part. Perf.* trove 259 *finden.*

tu 178, 252, 343 *du.*

u = el.

u 27, 32, 82, 252, 372, 450, 489 *wo, wohin.*

u s. ou.

ui, hui 142, 513 (au jor d'ui) *heute.*

umilite 2, 185 *Demut.*

un 152, 281, 434, 545 *ein.*

Reimtabelle.

---

ac XII.
ai III, XX.
*aier XXXV.
aiu (aim) XIX.
ains IV.
ais XIII. XXIX. XXXIII,
   XXXVIII.
ait XVIII. XXXI.
*amer XXII.
ans XLIV.
ant XL.
*asser XXIV.
aut VI. XI, XXVII, XLVI.
*avoir XX.

ee IX.
*ekier IX.
*ement VIII, XXII.
*endi XX.
*endu XXIII.
*enir XXXIII.
ens XXX, XXXVI.
ent XI, XXXIX, XLII.
er XXI. XLIV.
*era (erra) XXXIV.
ers XXXIII.
eu XXVIII.
eur XL.
*eur II.
*evons XVII.

ié XXVI.
ief XLV.
iens XXXVI.
ient II. XXVIII, XXXV,
   XXXVIII.

ies XXIX. XXXIV.
iex X, XVI. XXXVI.
   XXXVII, XLII.
*illier XXV.
*illies V.
in XXVIII.
*iner XXVI.
*ions VII.
is XXIV. XXXI.
*isier XXXII.
ist VIII, XVI.
*ité I.

oel XIII.
oi V. XV, XIX, XLV, XLVI.
*oier XV. XXIII.
oing (on) XXI. XXIII, XXIX.
ois XXI. XXX.
oit XXVI.
ol XIV.
on XXXIX.
ont XXIV, XLI.
ors XLI.
ort III, XVII, XXX.
   XXXVII, XLIII.
ot XXXV.
our XXVII.
*ourer IV, XXXII.
ours I. VII, X, XXXI.

u XIX.
uer XXII, XXXII.
*u er XIV, XVIII, XXV.
uet XXV.
ui XII. XXVII, XLIII.
uit VI.

Halle a. S., Buchdruckerei des Waisenhauses.